El velocira[

Lori Dittmer

CREATIVE EDUCATION
CREATIVE PAPERBACKS

semillas del saber

Publicado por Creative Education y Creative Paperbacks
P.O. Box 227, Mankato, Minnesota 56002
Creative Education y Creative Paperbacks son marcas
editoriales de The Creative Company
www.thecreativecompany.us

Diseño de Ellen Huber
Producción de Rachel Klimpel y Ciara Beitlich
Dirección de arte de Rita Marshall
Traducción de TRAVOD, www.travod.com

Fotografías de Alamy (leonello calvetti, Mohamad Haghani, Stocktrek Images
Inc), Granger, iStock (leonello), Science Source (James Kuether, Stocktrek
Images, Mark P. Witton), Shutterstock (Aicrovision, attLphotography,
Daniel Eskeridge, Herschel Hoffmeyer, Michael Rosskothen, Ralf Jurgen
Kraft, veleknez, Warpaint), ThinkstockPhotos (Elenarts, Naz-3D), Wikimedia
Commons (Junchang Lü & Stephen L. Brusatte)

Cataloging-in-Publication data is available from the Library of Congress.
ISBN 9781640267350 (library binding)
ISBN 9781682772942 (paperback)
ISBN 9781640009004 (eBook)

LCCN 2022048637

Impreso en China

TABLA DE CONTENIDO

¡Hola, *velociraptor*!

El *velociraptor* vivió hace mucho tiempo.

En esa época, también vivian el *protoceratops*. El *pterosaurio* volaba por el cielo.

Los primeros fósiles de *velociraptor* se encontraron en 1924. Henry Fairfield Osborn le puso nombre a este dinosaurio. Su nombre significa "ladrón veloz".

9

Este dinosaurio era más o menos del tamaño de un pavo. Corría en dos patas.

Con su larga
cola, podía girar
cuando iba rápido.

Se cree que el *velociraptor* tenía plumas.

Pero, sus brazos eran demasiado cortos para volar.

El *velociraptor* comía carne con sus dientes afilados.

En cada una de sus patas traseras, tenía una gran garra curva.

El veloz *velociraptor* perseguía presas pequeñas.

Usaba sus garras para agarrar y sostener su alimento.

¡Adiós, *velociraptor*!

Imagina un *velociraptor*

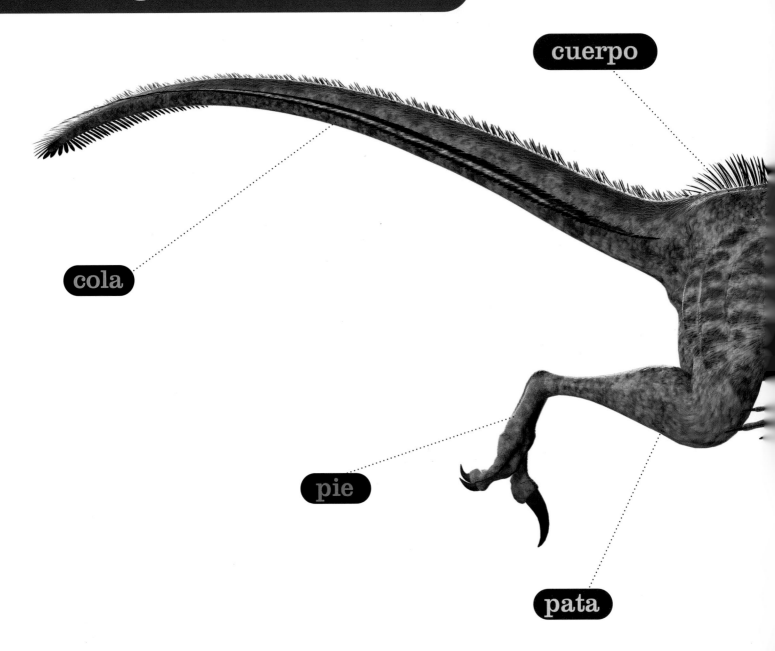

cuerpo

cola

pie

pata

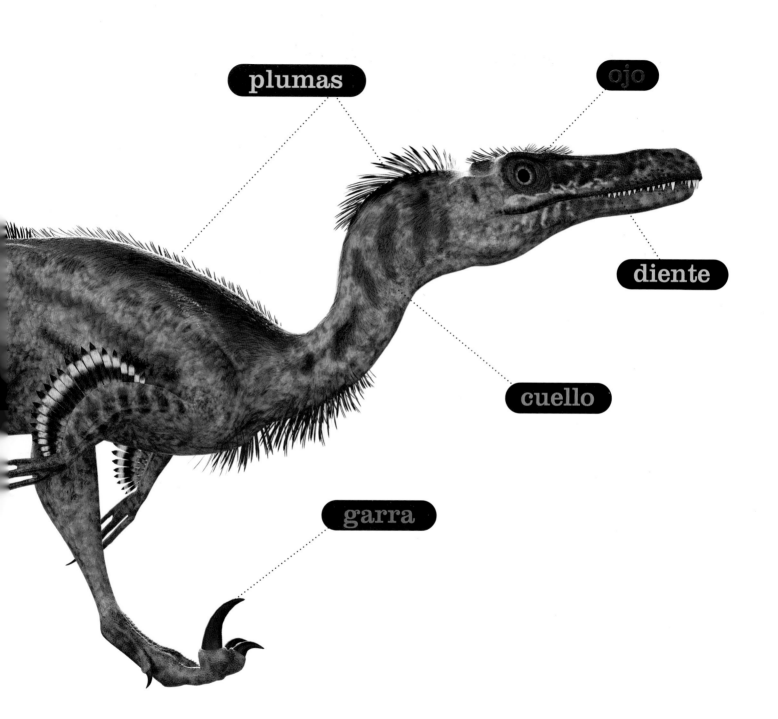

plumas

ojo

diente

cuello

garra

21

Palabras que debes conocer

fósil: el hueso o rastro de algún animal de hace mucho tiempo que puede encontrarse en algunas rocas

presa: el animal que es cazado por otro animal como alimento

veloz: rápido

Índice